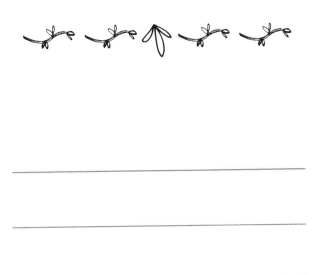

Table of Contents

Table of Contents

Table of Contents

Common Name: _____ Genus: _____

Species: _____ Variety: _____

Source: _____

Date acquired: _____

Date planted: _____

Description

Care

Location

Notes

1

Common Name: _____ Genus: _____

Species: _____ Variety: _____

Source: _____

Date acquired: _____

Date planted: _____

Description

Care

Location

Notes

Common Name: _____ Genus: _____

Species: _____ Variety: _____

Source: _____

Date acquired: _____

Date planted: _____

Description

Care

Location

Notes

Common Name: _____ Genus: _____

Species: _____ Variety: _____

Source: _____

Date acquired: _____

Date planted: _____

Description

Care

Location

Notes

Common Name: _____ Genus: _____

Species: _____ Variety: _____

Source: _____

Date acquired: _____

Date planted: _____

Description

Care

Location

Notes

Common Name: _____   Genus: _____

Species: _____   Variety: _____

Source: _____

Date acquired: _____

Date planted: _____

Description

Care

Location

Notes

Common Name: _____   Genus: _____

Species: _____   Variety: _____

Source: _____

Date acquired: _____

Date planted: _____

Description

Care

Location

Notes

Common Name: _____   Genus: _____

Species: _____   Variety: _____

Source: _____

Date acquired: _____

Date planted: _____

Description

Care

Location

Notes

Common Name: _____   Genus: _____

Species: _____   Variety: _____

Source: _____

Date acquired: _____

Date planted: _____

Description

Care

Location

Notes

17

Common Name: _____   Genus: _____

Species: _____   Variety: _____

Source: _____

Date acquired: _____

Date planted: _____

Description

Care

Location

Notes

Common Name: _____   Genus: _____

Species: _____   Variety: _____

Source: _____

Description

Date acquired: _____

Date planted: _____

Care

Location

Notes

21

Common Name: _____   Genus: _____

Species: _____   Variety: _____

Source: _____

Date acquired: _____

Date planted: _____

Description

Care

Location

Notes

Common Name: _____   Genus: _____

Species: _____   Variety: _____

Source: _____

Date acquired: _____

Date planted: _____

Description

Care

Location

Notes

Common Name: _____ Genus: _____

Species: _____ Variety: _____

Source: _____

Date acquired: _____

Date planted: _____

Care

Description

Location

Notes

Common Name: _____ Genus: _____

Species: _____ Variety: _____

Source: _____

Date acquired: _____

Date planted: _____

Description

Care

Location

Notes

Common Name: _____   Genus: _____

Species: _____   Variety: _____

Source: _____

Date acquired: _____

Date planted: _____

Description

Care

Location

Notes

Common Name: _____ Genus: _____

Species: _____ Variety: _____

Source: _____

Date acquired: _____

Date planted: _____

Description

Care

Location

Notes

Common Name: _____   Genus: _____

Species: _____   Variety: _____

Source: _____

Date acquired: _____

Date planted: _____

Description

Care

Location

Notes

Common Name: _____   Genus: _____

Species: _____   Variety: _____

Source: _____

Date acquired: _____

Date planted: _____

Description

Care

Location

Notes

Common Name: _____   Genus: _____

Species: _____   Variety: _____

Source: _____

Date acquired: _____

Date planted: _____

Description

Care

Location

Notes

Common Name: _____   Genus: _____

Species: _____   Variety: _____

Source: _____

Date acquired: _____

Date planted: _____

Description

Care

Location

Notes

Common Name: _____ Genus: _____

Species: _____ Variety: _____

Source: _____

Date acquired: _____

Date planted: _____

Description

Care

Location

Notes

Common Name: _____ Genus: _____

Species: _____ Variety: _____

Source: _____

Date acquired: _____

Date planted: _____

Description

Care

Location

Notes

Common Name: _____   Genus: _____

Species: _____   Variety: _____

Source: _____

Date acquired: _____

Date planted: _____

Description

Care

Location

Notes

Common Name: _____   Genus: _____

Species: _____   Variety: _____

Source: _____

Date acquired: _____

Date planted: _____

Description

Care

Location

Notes

Common Name: _____ Genus: _____

Species: _____ Variety: _____

Source: _____

Date acquired: _____

Date planted: _____

Description

Care

Location

Notes

Common Name: _____ Genus: _____

Species: _____ Variety: _____

Source: _____

Date acquired: _____

Date planted: _____

Description

Care

Location

Notes

Common Name: _____ Genus: _____

Species: _____ Variety: _____

Source: _____

Date acquired: _____

Date planted: _____

Description

Care

Location

Notes

Common Name: _____ Genus: _____

Species: _____ Variety: _____

Source: _____

Date acquired: _____

Date planted: _____

Description

Care

Location

Notes

Common Name: _____ Genus: _____

Species: _____ Variety: _____

Source: _____

Date acquired: _____

Date planted: _____

Description

Care

Location

Notes

Common Name: _____ Genus: _____

Species: _____ Variety: _____

Source: _____

Date acquired: _____

Date planted: _____

Description

Care

Location

Notes

Common Name: _____ Genus: _____

Species: _____ Variety: _____

Source: _____

Description

Date acquired: _____

Date planted: _____

Care

Location

Notes

Common Name: _____   Genus: _____

Species: _____   Variety: _____

Source: _____

Date acquired: _____

Date planted: _____

Description

Care

Location

Notes

Common Name: _____ Genus: _____

Species: _____ Variety: _____

Source: _____

Description

Date acquired: _____

Date planted: _____

Care

Location

Notes

Common Name: _____ Genus: _____

Species: _____ Variety: _____

Source: _____

Date acquired: _____

Date planted: _____

Description

Care

Location

Notes

Common Name: _____ Genus: _____

Species: _____ Variety: _____

Source: _____

Date acquired: _____

Date planted: _____

Description

Care

Location

Notes

71

Common Name: _____   Genus: _____

Species: _____   Variety: _____

Source: _____

Date acquired: _____

Date planted: _____

Description

Care

Location

Notes

Common Name: _____ Genus: _____

Species: _____ Variety: _____

Source: _____

Date acquired: _____

Date planted: _____

Description

Care

Location

Notes

Common Name: _____ Genus: _____

Species: _____ Variety: _____

Source: _____

Date acquired: _____

Date planted: _____

Description

Care

Location

Notes

Common Name: _____   Genus: _____

Species: _____   Variety: _____

Source: _____

Date acquired: _____

Date planted: _____

Description

Care

Location

Notes

Common Name: _____   Genus: _____

Species: _____   Variety: _____

Source: _____

Date acquired: _____

Date planted: _____

Description

Care

Location

Notes

Common Name: _____   Genus: _____

Species: _____   Variety: _____

Source: _____

Description

Date acquired: _____

Date planted: _____

Care

Location

Notes

Common Name: _____ Genus: _____

Species: _____ Variety: _____

Source: _____

Description

Date acquired: _____

Date planted: _____

Care

Location

Notes

Common Name: _____   Genus: _____

Species: _____   Variety: _____

Source: _____

Date acquired: _____

Date planted: _____

Description

Care

Location

Notes

Common Name: _____ Genus: _____

Species: _____ Variety: _____

Source: _____

Date acquired: _____

Date planted: _____

Description

Care

Location

Notes

Common Name: _____   Genus: _____

Species: _____   Variety: _____

Source: _____

Date acquired: _____

Date planted: _____

Description

Care

Location

Notes

Common Name: _____   Genus: _____

Species: _____   Variety: _____

Source: _____

Date acquired: _____

Date planted: _____

Description

Care

Location

Notes

Common Name: _____ Genus: _____

Species: _____ Variety: _____

Source: _____

Date acquired: _____

Date planted: _____

Description

Care

Location

Notes

Common Name: _____ Genus: _____

Species: _____ Variety: _____

Source: _____

Date acquired: _____

Date planted: _____

Description

Care

Location

Notes

Common Name: _____   Genus: _____

Species: _____   Variety: _____

Source: _____

Date acquired: _____

Date planted: _____

Care

Description

Location

Notes

Common Name: _____ Genus: _____

Species: _____ Variety: _____

Source: _____

Date acquired: _____

Date planted: _____

Description

Care

Location

Notes

90050634R00073

Made in the USA
San Bernardino, CA
05 October 2018